# The Lighthouse

# El Faro

E D W A R D   T O O L E Y

ISBN 978-1-64515-930-8 (paperback)
ISBN 978-1-64515-932-2 (hardcover)
ISBN 978-1-64515-931-5 (digital)

Christian Faith Publishing, Inc.
832 Park Avenue
Meadville, PA 16335
www.christianfaithpublishing.com

Printed in the United States of America

# ACKNOWLEDGMENTS

Special Thanks to these selfless Brothers and Sisters in Christ that God used to make this miracle happen:

ASB of Heritage Christian School
Andy & Kathy Beeghy
Dave Brett
Cornerstone Church MN
Dr. Rod & Dr. Joan Frese
Harriet Friesen
Heritage Christian School
Deiree Hates
Denise Lydy–Johnson
Ron Jones
Seth Jurgenson
David Koop
Dr. Jeff Kornelsen
Amalia Lejbowicz
Hope Tllz Mimi
Lastman Munoz
Elianor Navarrete
Cindy Noblitt
Mike & Claire Noland
Holman Picado
Rick Richmond

Perly Schoville
Judy Scott
Bill & Brooke Sines
SI Students International
Laura Tooley
Lowell Troyer
Mike Unternachrer
Rich Weitzel

I would also like to specifically highlight the enormous talents and faithful assistance of our Publication Specialist on both books published by Christian Faith Publishing:

Erin Smith

I know a place where children go to get help with schoolwork, called the Learning Center. The Learning Center has no tables or chairs. If a child wants to sit down, they have to carry a chair from home. I know a lot about this place because I am one of the students. The story that I am going to tell you is a true story. It is not one of those fairy tales like Cinderella. My name is Anamarie. My friends call me Ana. This Learning Center is not just a place to go to get help with school stuff. We also hear stories from a book called the Bible.

Hay un lugar que conozco, donde los niños van a buscar ayuda con las tareas de la escuela, este lugar se llama: La Escuelita. La escuelita no tiene mesas ni sillas. Si un niño quiere sentarse, tiene que cargar la silla desde su casa. Yo sé mucho acerca de este lugar porque yo soy una de los alumnos. La historia que voy a contarte, es una historia verdadera. Esta no es uno de esos cuentos de hada como Cenicienta. Mi nombre es Anamarie. Mis amigos me llaman Ana. Esta escuelita no es solamente un lugar para recibir ayuda con las cosas de la escuela. Nosotros también oímos historias de un libro llamado la Biblia.

I forgot to tell you that I am nine years old. Some of my favorite things to do are helping my mom at her store, drawing, and playing soccer. I would like to tell you about something that happened at the Learning Center that will bring a smile to your face. If you do not mind, I would also like to draw some pictures to show you what happened.

Olvidé contarte que tengo 9 años. Algunas de mis cosas favoritas son: ayudar a mi mamá en su tienda, dibujar y jugar fútbol. Me gustaría contarte acerca de algo que paso en la escuelita que dibujara una sonrisa en tu rostro. Si no te importa, también me gustaría dibujar algunas imágenes para mostrarte que pasó.

The Learning Center was not a real building. It was made up of a couple of wooden posts with a piece of tin for the roof and a floor made of dirt. We were happy to have a tin roof because it gave us shade from the hot sun and the rain during the rainy season. I am writing like the Learning Center does not exist anymore. That is because it doesn't.

La escuelita no era un edificio real. Estaba hecha de un par de postes de madera, el techo era una lámina de zinc y el piso era de tierra. Nosotros estábamos felices de tener un techo de lámina de zinc, porque nos daba sombra y nos cubría del ardiente sol y durante el invierno de la lluvia. Estoy escribiendo como si la escuelita ya no existiera. Eso es, porque ya no existe más.

Our teacher at the Learning Center is called Ellie. During prayer time, teacher Ellie asked us to pray about something big. She asked us to pray that a piece of land could be found and that a new Learning Center could be built. A learning center with walls, concrete floor, and a sturdy roof. A Learning Center where children do not have to carry their own chairs to class, because there were not any.

Nuestra profesora en la escuelita se llama Ellie. Durante el tiempo de oración, la profesora Ellie nos pidió que oraremos sobre algo grande. Ella nos pidió que oraremos para que un terreno pudiese ser encontrado y una nueva escuelita pueda ser construida. Una escuelita que tenga paredes, un piso de concreto y un techo muy fuerte. Una escuelita donde los niños no tengan que cargar sus propias sillas para recibir clase, ya que ahí no hay ninguna.

This made us all excited. Some of the kids even cheered after teacher Ellie finished. That night at home I told my parents about the news. They thought it would be great but where would teacher Ellie get the money for this new Learning Center? The area where we live did not have much money for a project this big.

Esto nos emocionó muchísimo. Incluso algunos de los niños celebraron después que la profesora Ellie finalizó. Esa noche en casa le conté a mis padres sobre la gran noticia. Ellos pensaron que sería genial, pero, ¿De dónde la profesora Ellie conseguiría el dinero para esta nueva escuelita? El área donde nosotros vivimos no tiene mucho dinero para un proyecto tan grande como este.

This is where the story should begin to make you smile. Occasionally, teacher Ellie would bring helpers to the Learning Center. Some of these helpers came from other countries of the world. One of these helpers worked at a school in another country. This helper went back to their country and told others about helping with this project.

Aquí es donde la historia debería comenzar a hacerte sonreír. De vez en cuando la profesora Ellie traía personas para ayudar en la escuelita. Algunos de estos ayudantes venían de otros países del mundo. Una de estos ayudantes trabajó en una escuela en otro país. Este ayudante fue de regreso a su país y les dijo a otros acerca de cómo ayudar con este proyecto.

Christian people from all over the world began giving money to first buy land for the Leaning Center and then to build an actual building. The amount of money needed was $10,000. This amount of money for sure has many zeroes. One of the kids blurted out that we needed a miracle for this to happen. Teacher Ellie said that the God we learn about in the Bible still performs miracles just like He did for Moses and Joshua a long time ago.

Personas cristianas de diferentes partes del mundo empezaron a dar dinero para comprar el terreno para el Centro de Aprendizaje y construir un edificio real. Un edificio de verdad. La cantidad de dinero que necesitaban era de $10,000 dólares. Esta cantidad de dinero por seguro tiene muchos ceros. Uno de los niños exclamo: "necesitaríamos un milagro para que esto pasara". La profesora Ellie dijo que el Dios de la biblia seguía haciendo milagros, como los milagros que hizo en la vida de Moisés y Josué hace muchos años.

15

Teacher Ellie had us meet one day at the place where the new Learning Center was to be built. We stood in a large circle and held hands as we prayed to our Heavenly Father to provide the money needed. Some of the students even prayed.

Some time had passed when teacher Ellie came to class with the biggest smile on her face. She makes me so happy when she smiles like that. Teacher Ellie was talking so fast that it was hard to understand her. She finally took a breath and said she had some amazing news about the Learning Center.

Un día nos reunimos con la profesora Ellie en el lugar donde el nuevo Centro de Estudios iba a ser construido. Nos paramos en círculo y nos tomamos de las manos y oramos a nuestro padre celestial para que proveyera el dinero que necesitábamos. Incluso algunos de los estudiantes también oraron.

Había transcurrido algo de tiempo cuando la profesora Ellie vino a clase con una de las sonrisas más grandes del mundo en su rostro. ¡Ella me hace tan feliz cuando sonríe así! La profesora Ellie estaba hablando tan rápido que era difícil entender lo que decía. Finalmente tomó un respiro, y dijo que tenía una maravillosa noticia sobre el nuevo Centro de Estudios.

She stopped talking for a moment. Teacher Ellie had a hard time speaking. She even seemed like she was going to start crying. It wasn't the kind of crying like when you get hurt. It was a cry that comes when something very special happens and you do not have the words to say it. I like this kind of crying best. She took a deep breath and said that the school in another country that was raising money for the Learning Center was not able to raise $10,000. Some of the children frowned when she said that. She took a deep breath and said that people were so generous that they were able to raise over $30,000.

Por un momento ella dejó de hablar. La profesora Ellie no podía hablar. Incluso parecía que ella iba a estallar en llanto. No era el tipo de llanto como cuando te duele algo. Es ese llanto que viene cuando algo muy especial pasa y no tienes las palabras para expresarlo. Me gusta más este tipo de llanto. Ella tomó un respiro profundo y dijo: "la otra escuela que estaba recaudando dinero, para construir el nuevo Centro de Estudios en el otro país, no fue capaz de recaudar los $10,000 dólares". Algunos de los niños fruncieron el ceño cuando ella dijo eso. Ella respiro profundo y dijo: Estas personas fueron muy generosas y pudieron recaudar más de $30,000 (treinta mil dólares).

Some of the kids could not keep seated. They jumped up and down like bouncing balls. Some of the kids got out of their seats and ran to hug teacher Ellie. We cheered so loud that some kids had to cover their ears. Teacher Ellie asked us again to get in a big circle and bow our heads. She thanked our Heavenly Father for making this miracle come true.

Algunos de los niños no podían estar sentados. Saltaron de arriba abajo como bolas rebotando. Algunos de los niños salieron de sus asientos y corrieron a abrazar a la profesora Ellie. Celebramos tan fuerte que algunos de los niños tuvieron que taparse sus oídos. Una vez más la profesora Ellie nos pidió que formáramos un gran circuló e inclináramos nuestras cabezas. Ella agradeció a nuestro padre celestial por hacer realidad este milagro.

When I went home to tell my parents the news, they gave me one of those puzzled looks like they didn't understand me. My mom finally asked if I had the story right. She thought I must have gotten the amount of money wrong. When she picked me up from the Learning Center I saw her talking to teacher Ellie. While we walked home my mom was very quiet. When she started to speak she had trouble talking. Her voice cracked like teacher Ellie. When I looked up at my mom she had tears in her eyes. When she spoke she said how amazing it was that so much money was raised for the Learning Center. She agreed that it was like a miracle happened in our little corner of the world.

Cuando fui a casa para contarles a mis padres sobre la gran noticia, ellos me vieron con una mirada perpleja. Finalmente, mamá me preguntó si había entendido correctamente la noticia. Ella quizás pensó que yo había entendido mal la cantidad de dinero que había sido recaudada. Cuando mamá llegó a recogerme de la escuelita la vi platicando con la profesora Ellie. Mientras caminábamos a casa mi mamá estaba muy callada. Cuando empezó a hablar le fue difícil hacerlo. Su voz se quebraba como la de la profesora Ellie. Cuando miré a mamá ella tenía lágrimas en sus ojos, cuando ella habló dijo: ¡Qué sorprendente fe, que se recaudó tanto dinero para la nueva escuelita! Ella estaba de acuerdo en que fue como un milagro, en nuestro pequeño rincón del mundo.

A couple months went by when teacher Ellie had us meet where the new Learning Center was being built. When I got close, I could see walls of brick going up and the floor was not made of dirt but of concrete. Teacher Ellie had us play follow the leader through the new Learning Center. You could hear many of the kids oohing and ahhing as they traveled from room to room.

Pasaron algunos meses cuando la profesora Ellie nos hizo conocer donde se estaba construyendo la nueva escuelita. Cuando me acerqué, pude ver que las paredes de ladrillos estaban subiendo y que el piso ya no era más de tierra, sino que estaba hecho de concreto. La profesora Ellie nos hizo jugar, seguir al líder en el nuevo Centro de Estudios. Se podía oír a muchos de los niños exclamando: ahhh y ohhh, mientras caminaban de habitación en habitación.

Each week Teacher Ellie gave us an update about how the new Learning Center was going. After some months passed she announced to the class that this coming Thursday the Learning Center would have its grand opening. This made teacher Ellie smile and made us cheer and scream. We screamed so loud that lots of kids had to cover their ears. To celebrate this miraculous occasion, all of us got a new T-shirt. It was hard to wait for Thursday to come.

Cada semana la profesora Ellie nos mantenía informados sobre como la nueva escuelita iba progresando. Después de algunos meses ella anunció a la clase que el próximo jueves seriá la gran inauguración de la nueva escuelita. Esto hizo sonreír a la profesora Ellie y nos hizo gritar de alegría. Gritamos tan fuerte que algunos de los niños se tuvieron que tapar sus oídos. En honor a esta ocasión milagrosa, todos nosotros tuvimos camisetas nuevas. Era difícil esperar a que llegara el jueves.

Thursday finally came. It was hard to concentrate at school because we were so excited. It seemed like all the people of our town were walking toward the new center. When we got close, we could see families coming from all directions to the new Learning Center. It was easy to spot the children because we were all wearing our new special T-shirt. The new center looked beautiful because it was decorated with colorful balloons and ribbons. It was strange to see giant posters of lighthouses taped to the wall. What were all these posters of lighthouses doing at a place that was surrounded by dry land like a desert I thought?

Finalmente, el jueves llegó. Era muy difícil concentrarse en las lecciones porque estábamos muy emocionados. Parecía que todas las personas de nuestro pueblo estaban caminando hacia la nueva escuelita. Fue fácil identificar a todos los niños porque todos estábamos usando nuestra nueva camiseta especial. El nuevo Centro se miraba hermoso porque estaba decorado con globos de todos los colores y festones. Era raro ver carteles gigantes de faros en la pared. ¿Qué están haciendo todos estos carteles de faros en un lugar que está rodeado de tierra tan árida como un desierto?—pensé.

The main room of the center was so big. A lot of chairs were placed in rows for people to sit. It did not take too long for all the chairs to be filled with people. My mom had my little brother sit in her lap so an empty seat would be there for someone else. The room was so full that some people had to stand outside and listen to what was being said through the open windows. I was so happy to see my teacher from school sitting in the front. I got up and ran over to her and gave her a big hug.

29

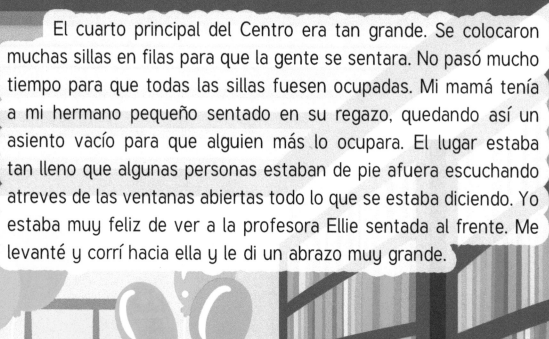

El cuarto principal del Centro era tan grande. Se colocaron muchas sillas en filas para que la gente se sentara. No pasó mucho tiempo para que todas las sillas fuesen ocupadas. Mi mamá tenía a mi hermano pequeño sentado en su regazo, quedando así un asiento vacío para que alguien más lo ocupara. El lugar estaba tan lleno que algunas personas estaban de pie afuera escuchando atreves de las ventanas abiertas todo lo que se estaba diciendo. Yo estaba muy feliz de ver a la profesora Ellie sentada al frente. Me levanté y corrí hacia ella y le di un abrazo muy grande.

I forgot to tell you that teacher Ellie welcomed each one of us as we arrived at the new Learning Center. Her smile was bigger than ever. Then it was time to start the program. Some people spoke about how wonderful God is for making this miracle happen. Teacher Ellie had us kids get up in front and sing a special song. I saw some people wipe tears from their eyes. These tears were the happy tears I told you about earlier in my story.

Olvidé decirte que la profesora Ellie nos dio la bienvenida a cada uno de nosotros cuando llegamos a la nueva escuelita. Su sonrisa era inmensa. Era entonces tiempo de empezar el programa. Algunas personas hablaron sobre lo maravilloso que Dios es por hacer realidad este milagro. La profesora Ellie hizo que los niños se levantaran y pasaran al frente a cantar una canción especial. Vi lágrimas caer de los ojos de algunas personas. Estas lágrimas eran lágrimas de felicidad, como las que te mencioné anteriormente.

One of the speakers said that the Learning Center was going to get a new name. The new name will also make you smile. I better just tell you the name because I do not think you are ever going to guess it. The Learning Center is now going to be called THE LIGHTHOUSE. Some people wrinkled their faces like why would you give it this name? A lighthouse is by the ocean and helps light the way for ships to come safely to the harbor and not crash on the rocks. The new center was surrounded by land with no water or ships in sight.

Uno de los oradores dijo que la nueva escuelita iba a tener un nuevo nombre. El nuevo nombre te hará sonreír también. Es mejor que te diga el nombre porque no creo que jamás vayas a adivinarlo. La nueva escuelita ahora se llamaría EL FARO. Algunas personas arrugaron sus caras como ¿Por qué le darían este nombre? Un faro está cerca del océano y ayuda a alumbrar el camino para que los barcos regresen a salvo al puerto y evitar ser golpeado por las rocas. El nuevo centro estaba rodeado de tierra sin agua o barcos a la vista.

The speaker then said why the name Lighthouse was chosen. The place where The Lighthouse was chosen to be built will now be able to help children and families in two communities. This new building will be a place where children and families will learn about Jesus who is the light of the world. When the speaker said that, I noticed that a big smile lit up the faces of many in the room. The speaker ended by saying that The Lighthouse will also have a place to get medical help for people in need. Some people started clapping when they heard that.

Entonces, el orador explicó porqué había sido escogido el nombre del Faro. El Faro, la nueva escuelita había sido escogido en este lugar, para ser capaz de ayudar a los niños y a las familias en dos comunidades. Esta nueva construcción será un lugar donde los niños y las familias, aprenderán acerca de Jesús, quien es la luz del mundo. Cuando el orador dijo eso, noté que una gran sonrisa iluminó los rostros de todos en el salón. El orador terminó diciendo que El Faro sería también un lugar de atención médica para ayudar a las personas necesitadas. Algunas personas empezaron a aplaudir cuando escucharon eso.

Oh! I almost forgot to tell you about the chairs. The people that raised all the money for the building also started raising money to buy chairs and equipment for The Lighthouse. The Lighthouse began to be filled with all kinds of things we never had before, like chairs, tables, book shelves and white boards. To see all these new things made us smile from ear to ear.

¡Oh! Casi se me olvida contarte sobre las sillas. Las personas recaudaron todo el dinero para la construcción también empezó a recaudar fondos para comprar sillas y equipar mejor El Faro. El Faro empezó a llenarse con todo tipo de cosas que no tenía antes, como sillas, mesas, estantes y pizarras. Al ver todas esas cosas nuevas nos hizo sonreír de oreja a oreja.

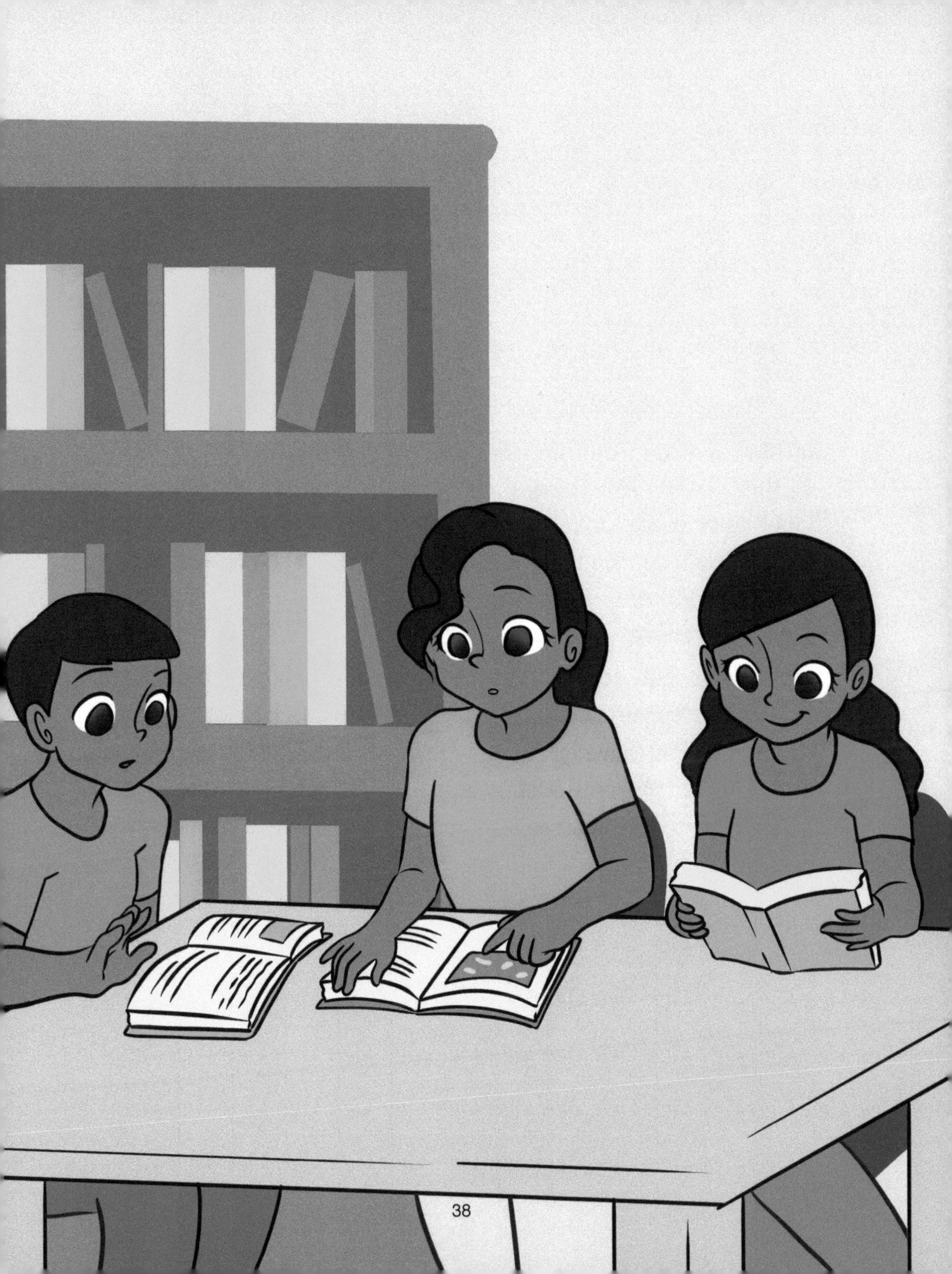

I must admit that Lighthouse is the perfect name for this new building. I know many children that have come to trust in Jesus as their Savior. This brought light into their hearts and lives. The Lighthouse is also bringing the light of Jesus to people who are getting much needed medical help and are not being able to afford a private service.

Tengo que admitir que El Faro es el nombre perfecto para esta nueva construcción. Sé que muchos niños han confiado en Jesús como su salvador. Esto trajo luz a sus corazones y vidas. El Faro está también trayendo la luz de Jesús a las personas que tienen mucha necesidad en su salud y que no pueden pagar por un servicio privado.

Thanks for taking this adventure with me. I sure hope this story has brought a smile to your face as you read about this miracle called The Lighthouse. I hope this story encourages you to bring the light of Jesus to people that need help. Who knows what might happen? Maybe Jesus will use you to be a miracle for someone else, like those people in another country were to us.

Gracias por tomar esta aventura conmigo. De verdad espero que esta historia haya traído una sonrisa a tu rostro cuando leas acerca del milagro llamado El Faro. Espero que esta historia te anime a traer la luz de Jesús a las personas que necesitan ayuda. ¿Quién sabe que pueda pasar? Jesús quiere que seas un milagro para alguien más, como lo fueron para nosotros esas personas que estaban en otros países.

42

# ABOUT THE AUTHOR

Edward Tooley has authored a number of articles about education, adolescence, parenting, creation, and Christian living. He has been featured in *Chicken Soup for the Soul* and just recently published a book for children entitled *Rounding Third and Headed for Home*.

7

CPSIA information can be obtained
at www.ICGtesting.com
Printed in the USA
BVHW021345080521
606763BV00004B/460